www.ingramcontent.com/pod-product-compliance
Lightning Source LLC
LaVergne TN
LVHW010620070526
838199LV00063BA/5219
9789358720495

دنیا کے بچے

(بچوں کی کہانی)

مصنف:

عزیز رضوی

© Taemeer Publications

Duniya ke Bachchey *(Kids story)*

by: Aziz Rizvi

Edition: June '2023
Publisher & Printer:
Taemeer Publications, Hyderabad.

ISBN 978-93-5872-049-5

مصنف یا ناشر کی پیشگی اجازت کے بغیر اس کتاب کا کوئی بھی حصہ کسی بھی شکل میں بشمول ویب سائٹ پر اَپ لوڈنگ کے لیے استعمال نہ کیا جائے۔ نیز اس کتاب پر کسی بھی قسم کے تنازع کو نمٹانے کا اختیار صرف حیدرآباد (تلنگانہ) کی عدلیہ کو ہو گا۔

© تعمیر پبلی کیشنز

کتاب	:	**دنیا کے بچے** (بچوں کی کہانی)
مصنف	:	**عزیز رضوی**
صنف	:	ادب اطفال
ناشر	:	تعمیر پبلی کیشنز (حیدرآباد، انڈیا)
زیر اہتمام	:	تعمیر ویب ڈیولپمنٹ، حیدرآباد
سالِ اشاعت	:	۲۰۲۳ء
تعداد	:	(پرنٹ آن ڈیمانڈ)
طابع	:	تعمیر پبلی کیشنز، حیدرآباد -۲۴
صفحات	:	۵۲
سرورق ڈیزائن	:	تعمیر ویب ڈیزائن

"ہندوستانی بچون کے نام جن پر ملک کی
آئندہ ترقی اور بہبود کا انحصار ہے اور ان
والدین کے نام جو اپنے بچوں کو صحیح تربیت
دے کر انہیں ملک و قوم کی فلاح کے لئے
تیار کرتے ہیں"۔

"اب ہم ہندوستان کے ساحل سے علیحدہ ہو کر اس سمندر پر پرواز کر رہے تھے جسے 'بحیرہ عرب' کہتے ہیں"

مصنف کی عرض

آج سے ٹھیک ایک سال قبل مجھے یہ شوق ہو چلا تھا کہ دنیا کے سارے بچوں کا عمیق مطالعہ کر کے اپنے ملک کے بچوں کو ان سے روشناس کراؤں اور خدا کا شکر ہے کہ میری مراد بر آئی اور اس سلسلہ کی پہلی کڑی چھپ کر ملک کے بچوں کے ہاتھ میں آ گئی۔ اگر انہیں یہ پسند آ جائے تو میں سمجھوں گا کہ میری محنت ٹھکانے لگی۔ اس کتاب میں صرف مشرقی بچوں کا ذکر کیا گیا ہے اور ایک نئے انداز میں لیکن پھر بھی یہ کتاب تشنہ رہ جاتی ہے کیونکہ اس میں صرف مشرق قریب کے بچوں کا حال ہے اور یورپ کے جنوب مشرق کو میں نے مشرق قریب ہی میں داخل کر لیا ہے۔ میری مراد ترکی سے ہے۔ اس سلسلہ میں ادارہ ادبیات اطفال کے دوسرے محسنین چین، جاپان اور دیگر مشرقی ممالک پر کتابیں لکھ رہے ہیں جو قریب میں ملکی بچوں کے ہاتھوں میں ہونگی۔ ہندوستانی بچوں پر ایک علیحدہ اور مبسوط کتاب لکھی جا رہی ہے۔ اس کتاب کو دلچسپ بنانے کی

حتی الامکان کوشش کی گئی ہے اور اگر ملکی بچے اس میں دلچسپی محسوس کریں تو یہی میری زبردست کامیابی ہے۔ اس کتاب میں بعض الفاظ ایسے ہیں جو شاید ننھے پڑھنے والوں کے سمجھ میں نہ آئیں۔ لیکن یہ جانتے ہوئے بھی میں نے ان الفاظ کو چھانٹا نہیں۔ میرا خیال ہے کہ اس سے بچوں میں تجسس کا مادہ پیدا ہوتا ہے۔ لغتوں کو ٹٹولیں گے۔ یا بہرحال ان الفاظ کے معنے معلوم کرنے کی کوشش کرینگے۔ اور اسی طریقے سے معیار آہستہ آہستہ بلند ہوتا ہے۔

آخر میں میں اپنے بزرگ جناب مرزا فرحت اللہ بیگ صاحب دہلوی کا دلی شکریہ ادا کئے بغیر نہیں رہ سکتا کیونکہ صاحب موصوف نے اس کتاب پر نظر ثانی کی اور مجھے اپنی گراں بہا ہدایتوں اور نصیحتوں سے مالا مال کیا۔ ناشکر گذاری ہوگی اگر میں اپنے عزیز دوست عبدالرزاق صاحب فاروقی کا شکریہ ادا نہ کروں جنہوں نے اس کتاب کا سرورق اور اندر کی تصویر بنائی اور مجھے ممنون کیا۔

عزیز رضوی

فضائی سیر

"ایسا نہ ہو کہ ہم اوپر سے گر جائیں۔ میں تو اس میں نہیں بیٹھوں گا"
سلیم نے پیچھے ہٹتے ہوئے کہا۔
"تم بڑے ڈرپوک ہو۔ مرد ہو کر اتنی کمزوری دکھاتے ہو۔ تمہیں تو
چاہئے تھا کہ سب سے پہلے اس میں سوار ہو جاتے۔ نجم کو دیکھو وہ تم سے
چھوٹا ہے لیکن کس بہادری سے جا بیٹھا ہے"۔
"اس قسم کی بزدلی کا اظہار تمہارے شایان شان نہیں" نجم نے
طیارے میں چڑھتے ہوئے کہا۔
"اچھا تو کیا نجم ہمارے ساتھ ہے؟" سلیم نے نجم کو طیارے میں چڑھتے
دیکھ کر دریافت کیا۔
"ہاں ہاں کیوں نہیں" میں نے جواب دیا۔
"تو پھر لیجئے بھیا! میں چلونگا ——— مگر ابا جان اجازت بھی تو دیں"
میری پیہم کوششیں کامیاب ہو گئیں اور سلیم چلنے کے لئے تیار ہو گیا۔

"میں نے اجازت لے لی ہے۔" میں نے کہا۔
"بھیا! ہم دنیا کی سیر کریں گے؟ خوب لطف آئیگا! کیوں!۔ اچھا واحد کو بھی بٹھالو۔۔نا۔"
"جگہ بھی تو ہو۔ بس ہم تین سفر کریں گے۔ چلو جلدی کرو۔"
سلیم اور نجم طیارے میں بیٹھ گئے۔ میں نے طیارہ ران کے کپڑے پہنے اور طیارے کے پنکھے کو زور سے گھمایا۔ ۵ منٹ بعد ہمارا طیارہ شور مچاتا ہوا فضا میں پرواز کر رہا تھا۔
ہمارے طیارے میں کھانے پینے کا سامان بھی کافی تھا اور گیس بھی کافی مقدار میں رکھ لی گئی تھی تاکہ بہت اونچی اڑان کے وقت سانس لینے میں دقت محسوس نہ ہو۔ نجم تو خیر ہنس بول رہا تھا لیکن سلیم صورت سے کچھ سہما ہوا سا معلوم ہوتا تھا۔
"ہم تو اب ساری دنیا کے بچوں سے ملاقات کریں گے" نجم کہہ رہا تھا۔ "بڑا مزا رہیگا۔ کیوں سلیم بھائی؟"
"ہاں ٹھیک ہے۔ لیکن نجم تمہیں ڈر محسوس نہیں ہوتا" سلیم نے ڈرتے نجم کی طرف کھسکتے ہوئے کہا "یہ نہ سمجھو میں ڈر رہا ہوں ۔۔۔ ایں!"
"بالکل نہیں" ۔ نجم نے جواب دیا "سلیم بھائی! بڑے بھیا کہہ رہے تھے کہ ہم پہلے ایرانی بچوں سے ملیں گے۔ کہتے ہیں ایرانی بچے بڑے ہی

اچھے ہوتے ہیں۔"

ہوا سائیں سائیں کرتی ہوئی برابر ہمارے کانوں کے پاس سے گذر رہی تھی۔ سر بفلک پہاڑ۔ گھنے جنگل اور ذخار دریاؤں کو دیکھ کر نجم تو محظوظ ہو رہا تھا لیکن سلیم ابھی اتنا سہما ہوا تھا کہ وہ ادھر اُدھر بھی نہیں دیکھتا تھا۔ طیارہ کافی تیزی کے ساتھ پرواز کر رہا تھا اور جیسے جیسے ہم اونچے ہوتے تھے ہمیں سردی زیادہ محسوس ہونے لگتی تھی۔ ہوا کی ہیبت اور دل ہلانے والی آوازیں۔ بادل کی گرج۔ بجلی کی کڑک اور ہلکی ہلکی بارش اس فضائی منظر میں کچھ عجیب دلکشی پیدا کر رہی تھی۔ میں نے پلٹ کر دیکھا تو سلیم آنکھیں بند کیے بالکل سیدھا بیٹھا تھا۔ اور نجم بہادری سے چو طرف دیکھتا ہوا اس منظر کا لطف اٹھا رہا تھا۔ میں نے آواز بلند کہا "نجم کیا کر رہے ہو؟" "اُس پہاڑ کو دیکھ رہا ہوں" اس نے ایک پہاڑ کی طرف اشارہ کر کے کہا "وہاں سے کوئی دریا نکلتا دکھائی دیتا ہے۔ دیکھیے کتنا نظر فریب منظر ہے"۔۔۔

اب ہم ہندوستان کے ساحل سے علیحدہ ہو کر اس سمندر پر پرواز کر رہے تھے جسے بحیرہ عرب کہتے ہیں "یہ بحیرہ عرب ہے" میں نے نجم سے کہا۔

"جانتے ہو نا۔۔۔ ہاں" سلیم بدستور آنکھیں بند کیے بیٹھا تھا۔

سرزمین ایران اور وہاں کے بچے

ہمیں ہندوستان کا ساحل چھوڑے دو روز ہو چکے تھے اور ہمارا طیارہ "ہوائی مچھلی"[۱] بڑی تیزی سے پرواز کر رہا تھا۔ اس عرصہ میں سلیم کا خوف بہت کچھ جا چکا تھا اور وہ بھی ہمت کے ساتھ بیٹھا ان تمام حسین اور خوبصورت مناظر کو دیکھ رہا تھا جو ایران کی سرزمین سے قریب ہوتے وقت دکھائی دیتے ہیں تین روز کی مسلسل پرواز کے بعد ہم خلیج عمان سے ہوتے ہوئے خلیج فارس میں داخل ہوئے۔ جتنے ہم ساحل ایران سے قریب ہوتے گئے اتنی ہی سرزمین ایران دلفریب ہوتی گئی۔ اور ہمیں ایک عجیب خوشی محسوس ہونے لگی۔ نجم تو مارے خوشی کے دیوانہ ہوا جاتا تھا کیونکہ اسے ایران اور ایرانی بچوں سے کچھ خاص انس سا تھا۔

اب ہمارا طیارہ ایرانی ساحل کی نظر فریب زمین پر اڑ رہا تھا۔ ہمیں ساحل ایران کے ایک شہر بندر عباس کی عمارتوں کی چوٹیاں بخوبی نظر آرہی تھیں اور لوگ ادھر سے ادھر پھرتے نظر آتے تھے۔ سلیم اور نجم کے انتہائی حیرت سے یہاں

ص۱ نجم اور سلیم ہمارے طیارے کو "ہوائی مچھلی" کہا کرتے تھے۔

ہمیں اترنا پڑا اور نہ خیال تھا کہ سیدھے طہران پہنچیں۔ دو تین گھنٹے ستانے کے بعد ہم نے پھر پرواز کی۔ ان دو تین گھنٹوں کے عرصہ میں سلیم اور نجم نے یہاں کے بچوں کو اس طرح اپنا گرویدہ بنالیا کہ جب ہم پرواز کرنے لگے تو میدان میں ہزاروں بچوں نے دستیاں ہلا ہلا کر ہمیں خدا حافظ کہا سلیم اور نجم کو ان بچوں نے چند ایرانی دبنیاں تحفتاً دیں۔ ایران کے دشوار گذار اور پہاڑی راستوں کو کاٹتا ہوا ہمارا طیارہ اڑ رہا تھا۔ یہاں مشکل ہی کوئی دریا دکھائی دیتا تھا۔ اور ایسا معلوم ہو رہا تھا کہ اس ملک میں سوائے پہاڑوں اور لمبی لمبی وادیوں کے اور کچھ نہیں۔ "ارے توبہ" سلیم نے مجھے ہلاتے ہوئے کہا ہمیں شیراز بھی جانا چاہئے تھا۔ غلطی ہوگئی"۔

میں نے جواب دیا۔ "رہنے بھی دو حافظ اور سعدی کی روحیں ہمارے نہ جانے سے ناخوش تو نہ ہونگی۔ واپسی میں دیکھا جائیگا"۔

طہران کی فلک بوس عمارتیں ایسی معلوم ہوتی تھیں گویا ہمارے استقبال کے لئے کھڑی ہیں۔ چھوٹے چھوٹے خوشنما مکانات نہایت عظیم الشان باغات یہ چیزیں تھیں جنہیں دیکھ کر نجم اور سلیم خوشی سے پھولے نہ سماتے تھے۔ ہمارے طیارہ کو دیکھ کر ہزاروں کی تعداد میں ایرانی خلقت ایک میدان میں جمع ہوگئی۔ اور ہمارے استقبال کے لئے فضا میں دستیاں ہلنے لگیں ——

یکایک مجھے ایسا محسوس ہوا گویا ہمارے پیچھے کوئی اور طیارہ پرواز کر رہا ہے

ہم تینوں پلٹے اور دیکھا کہ واقعی ایک نہایت ہی خوبصورت دستی طیارہ[1] ہمارے پیچھے پیچھے اڑ رہا ہے۔

"یہیں اتر جائیے جناب" اس کے طیارہ ران نے پکار کر کہا "یہیں پر"

"شکریہ" نجم نے جواب دیا "ہم یہیں اتریں گے۔"

نجم کے بھولے سے جواب کو سنکر طیارہ ران مسکرائے بغیر نہ رہ سکا۔

ہم ایک بڑے میدان میں کھڑے تھے جس کے اطراف طیران گاہ کی عمارتیں بنی ہوئی تھیں۔ "خوش آمدید" ایک بوڑھے نے آگے بڑھکر مجھ سے مصافحہ کیا۔ "خوش آمدید۔ ہماری انتہائی خوش قسمتی ہے کہ ہم ہندوستان کے رہنے والوں کو یہاں دیکھ رہے ہیں۔ اور یہ بچے ـــــ" اس نے بڑھکر نجم اور سلیم کو خوب پیار کیا۔ "ہندوستانیوں کو اپنے ملک میں دیکھکر ہمارا جام مسرت لبریز ہو جاتا ہے۔ چلئے غریب خانہ پر اور استراحت فرمائیے۔ آپ لوگ آخر تھکے ہوئے ہونگے نا؟"

"جی ہاں۔ ہم تو بہت تھک گئے آرام کی ضرورت ہے ہمیں" نجم نے دستی سے چہرہ صاف کرتے ہوئے کہا۔ "تو پھر چلئے" طیارہ کو ہم نے وہیں چھوڑ دیا اور ہزاروں آدمیوں کے مجمع کو چیرتے پھاڑتے اس بوڑھے کے ساتھ ہو لئے۔

---

[1] انگریزی میں اسے "پاکٹ پلین" کہتے ہیں۔

آغا حید ربہت ہی ہمدرد اور خوش اخلاق انسان تھا وہ ہمارے ساتھ بڑی مہربانی سے پیش آیا۔ اور ہمیں اپنا اتنا گرویدہ بنا لیا کہ اسے چھوڑنے کو دل نہ چاہتا تھا۔ وہ چونکہ ہماری زبان سے واقف تھا اس لئے ہمیں بڑی آسانی ہوئی۔ اس کے بچے کمسن مگر سمجھدار تھے سلیم اور نجم کی ان سے بہت گاڑھی چھننے لگی۔ اور یہ ایک دوسرے کے ایسے دوست بنے کہ علیحدہ ہونا ممکن نظر نہ آتا تھا۔ ایک دن کھانے پر سلیم نے کہا "بھئی ہم نے طہران کی گلی گلی کوچہ کوچہ دیکھ ڈالا لیکن جس مقصد سے آئے تھے ابھی پورا نہ ہوا۔"

بوڑھے نے پوچھا "وہ کیا؟" سلیم نے جواب دیا "ہمیں کسی مدرسے میں لے چلئے۔"

بوڑھا ہنسنے لگا۔ "اس میں کیا رکھا ہے" اس نے کہا "میں یہاں کے ایک مدرسہ کا مدرس ہی جو ٹھیرا۔ کسی دن چلئے"

ہم طہران کے ایک مدرسہ میں پہنچے اور مہمان کی حیثیت سے وہاں ہمارا خیر مقدم کیا گیا۔ صدر مدرس خود ہمارے ساتھ ساتھ تھا۔ وہ بہت ہی خوش اخلاق اور ہنس مکھ آدمی تھا اور ڈھیلا ڈھیلا لباس زیب تن کئے تھا۔ چلتے چلتے ہمیں ایک جماعت کے قریب رکنا پڑا۔ کیونکہ یہاں شور و غوغا کا ایک طوفان بپا تھا۔ جونہی ہم اندر داخل ہوئے تو دیکھتے کیا ہیں کہ ایک لڑکا لیٹا ہوا ہے اور اس کے پیر اوپر کو اٹھے ہوئے گویا فضا میں معلق ہیں

ہم بڑے پریشان رہے اور استاد صاحب سے دریافت کیا تو معلوم ہوا کہ یہ ایک قسم کی سزا ہے۔ "آپ اس لڑکے کو سزا کیوں دیتے ہیں"؟ انجم نے آگے بڑھ کر دریافت کیا۔ مدرس نے جواب دیا "یہ اپنا کام وقت پر نہیں کرتا۔ پڑھتا لکھتا نہیں اور ہمیشہ دوسرے لڑکوں کو دق کرتا رہتا ہے۔ اور شریر تو بے انتہا ہے" سلیم ہنسنے لگا۔ اس جماعت سے نکل کر ایک دوسری جماعت میں داخل ہوئے تو وہاں بھی یہی شور محشر دیکھا۔ لیکن اس جماعت میں لڑکے شرارت نہیں کر رہے تھے بلکہ پکار پکار اور چیخ چیخ کر اپنا اپنا سبق یاد کر رہے تھے "بھیا عجیب بات ہے" سلیم نے مجھ سے کہا "یہ لوگ آخر اتنا چیخ چیخ کر کیوں پڑھتے ہیں پھر سب کے سب زمین پر بیٹھے ہوئے ہیں اور یہ لیجئے خود مولوی صاحب قبلہ بھی زمین پر تشریف رکھتے ہیں"۔

"ہاں سلیم" میں نے کہا "یہاں کا تمدن اور یہاں کی تہذیب ابھی پرانے اسلامی اصولوں پر کاربند ہے جنہیں ہم تم بھلا بیٹھے ہیں۔ اس کے علاوہ یورپ اور امریکہ کی طرح تعلیم کے ان نایاب اصولوں سے یہ لوگ ابھی زیادہ واقف بھی تو نہیں ہوئے۔ مگر میں سنتا ہوں کہ یہاں کے سرکاری مدارس میں مغربیت چھائی ہوئی ہے"۔ ہم لوگ دوسری جماعت میں داخل ہوئے اور وہاں تمام لڑکوں کو جا تو سے قلموں کو چھیلتے پایا۔

"بروکے قلم سے لکھا کرتے ہیں یہ لوگ" انجم نے صدر مدرسہ سے مخاطب ہو کر کہا۔

"ہاں۔ میرے پیارے بچے! یہ تو سوائے بردے کے قلموں کے لکھ ہی نہیں سکتے" صدر مدرسہ نے جواب دیا۔" اس عرصہ میں سلیم اور نجم نے اپنا ایک دوست بھی پیدا کرلیا۔ ان کے اس دوست کا نام حفیظ تھا۔ اب یہ دونوں حفیظ کو لے کر ادھر ادھر گھومنے لگے۔ حفیظ کی گردن میں ایک تھیلا پڑا ہوا تھا۔ نجم نے اس تھیلے کی جانچ پڑتال جو شروع کی تو اس میں سے دو سلیٹ، ایک کاپی، ایک کتاب اور ایک چاقو اور دو تین بردے کے قلم نکلے۔ حفیظ نے ان دونوں کو دو قلم بطور تحفہ دیدئے اور ان دونوں کے ساتھ اس عمدگی سے پیش آیا کہ وہ اس کے دیوانے ہوگئے۔

"چلئے نا ہمارے گھر" اس نے ان دونوں کے ہاتھ پکڑ کر چلنے پر مجبور کیا اور یہ دونوں اس کے ساتھ ہولئے اپنے مکان پر لیجا کر حفیظ نے ان دونوں کی بڑی خاطر و مدارت کی۔ اس کے ماں باپ نے انہیں بہت پیار کیا۔ کھانے کے لئے مٹھائیاں دیں، شربت بنا کر پلایا۔ اور بہت سے تحفے تحائف انہیں دئے۔

"ایرانی بچے میٹھا بہت کھاتے ہیں"۔ حفیظ نے ان دونوں سے کہا۔ "ہماری امی ہمیں کھانے میں میٹھا بہت زیادہ دیا کرتی ہیں۔ ہم لوگ دودھ بہت کم پیتے ہیں"۔

ایرانی گھرانوں کا ایک اور عجیب طریقہ یہ ہوتا ہے کہ جب کسی کے گھر

اولاد ہوتی ہے تو بچے کو ترازو میں تولا جاتا ہے اور بچوں کو مٹھائی تقسیم کیجاتی ہے۔

فاطمہ۔ حفیظ کی چچازاد بہن تھی۔ یہ دونوں ایک دوسرے کو بہت پیار کرتے تھے کھیل کود اور پڑھنے لکھنے میں بھی ان دونوں کا ہمیشہ ساتھ رہتا تھا۔ یہ کچھ فاطمہ اور حفیظ ہی پر منحصر نہیں بلکہ ہر ایرانی بھائی بہن ایک دوسرے کو بہت چاہتے ہیں اور کبھی آپس میں جھگڑا نہیں کرتے چند سال قبل ایران میں کمسنی کی شادی کا بہت رواج تھا۔ لیکن اب ایران جدید کی حکومت نے اس رواج کو اخلاقی جرم قرار دے کر منسوخ کر دیا ہے۔

حفیظ اور فاطمہ بچپن ہی سے منسوب تھے۔ اور دونوں کے ماں باپ کی طرف سے شادی کی تیاریاں ابھی سے ہو رہی تھیں۔ نسبت کی رسم بڑی دھوم دھام سے منائی گئی۔ اس دعوت میں ہم نے بھی شرکت کی اور ایرانی دعوت کا خوب لطف اٹھایا۔ اس موقع پر فاطمہ کے تمام سہیلیوں نے اسے پکڑ کر اپنے ہاتھ سے نہلایا۔ اور اس کے بالوں کو حنا[1] سے معطر کیا اور ایسے زرق برق کپڑے پہنائے کہ آنکھ نہیں ٹھیرتی تھی۔ ایران میں قاعدہ ہوتا ہے کہ لڑکیاں خود اپنے دولہا کے کپڑے تیار کرتی ہیں چنانچہ فاطمہ نے بھی حفیظ کے لئے کپڑے تیار کئے۔ اور خود ان کپڑوں کو حفیظ کے ہاں بھجوایا۔

---

[1] ایک قسم کی خوشبو۔

ایرانی لڑکیاں پردہ نہیں کرتیں بلکہ بڑے مزے سے چوراہوں اور سڑکوں پر پھرتی رہتی ہیں۔ یہ لڑکیاں ایک برقعہ اوڑھ لیتی ہیں اور اپنے چہرہ کو نقاب سے ڈھانپ لیتی ہیں۔ ان کے نقاب بڑے خوبصورت ہوتے ہیں۔

جس دن ہمیں یہاں سے پرواز کرنا تھا، اس سے ایک روز قبل ہم ایک سرکاری مدرسہ میں گئے۔ وہاں کا طریقہ تعلیم اس قدیم ایرانی مدرسہ کے طریقۂ تعلیم سے بالکل جدا تھا۔ جہاں ہم اس سے قبل ہو آئے تھے۔ اس مدرسہ میں بالکل مغربی اصولوں پر تعلیم دی جاتی تھی اور مخلوط تعلیم[1] کا رواج عام تھا۔ لڑکیاں لڑکوں کے ساتھ گھل مل گئی تھیں۔ کھیلنا کودنا، پڑھنا لکھنا، کھانا پینا، غرض ہر کام میں یہ ایک دوسرے کا ہاتھ بٹاتے۔ اس مدرسہ میں وہ تمام کھیل کھلائے جاتے تھے جو متمدن دنیا میں جسمانی صحت کو برقرار رکھنے کے لئے ضروری سمجھے جاتے ہیں۔ جماعتوں میں اسباق انھیں جدید طریقوں پر ہوتے تھے جنھیں بیسویں صدی کے ماہران تعلیم نے طلباء کی دماغی نشو و نما کے لئے مفید خیال کیا ہے۔

بہر حال ایران جہاں اپنی قدیم تہذیب کا علمبردار ہے وہاں تمدن جدید سے بھی بے بہرہ نہیں۔

---

[1] جب لڑکوں اور لڑکیوں کو ایک دوسرے کے ساتھ ساتھ تعلیم دی جاتی ہے تو اسے "مخلوط تعلیم" کہتے ہیں

جس وقت ہمارے جہاز نے زمین کو چھوڑ کر آسمان کی طرف پرواز کی، آغا حیدر اور حنیفا کھڑے ہماری جدائی پر آنسو بہا رہے تھے۔ اور ہزاروں دستیاں فضا میں لہراتی ہوئی ہمیں خداحافظ کہہ رہی تھیں۔

بے آب و گیاہ ریگستان میں ــــــــــ طہران کے جنوب مغرب کی طرف ہم نے پرواز کی اور ہمارا طیارہ "ہوائی کھیلی" پھر خلیج فارس کو پار کر کے عرب کے صحرائے اعظم میں داخل ہوا۔

شہر ریاد کے ایک میدان میں اترنے کے بعد ہماری ملاقات سب سے پہلے ایک لڑکے سے ہوئی۔ جو ایک اونٹ کی نکیل پکڑے گاتا جا رہا تھا۔ اس میدان میں جہاں ہمارا طیارہ کھڑا تھا، سوائے ریتلی زمین کے کچھ اور دکھائی نہ دیتا تھا۔ جدھر نظر جاتی چٹیل میدان اور ہو کا عالم۔ کہیں کہیں دور کھجور کے سایہ دار درخت نظر آتے تھے اور بس۔

یہاں اترتے ہی ہم گرمی محسوس کرنے لگے۔ سلیم اور نجم اس گرمی کو برداشت نہ کر سکے۔ اور انھوں نے فوراً ہوائی کپڑے اتار کر مہین کپڑے پہن لئے۔ تمازت آفتاب کی یہ حالت تھی کہ دھوپ کی شعاعیں چبھتی ہوئی سوئیاں معلوم ہوتی تھیں۔ اور تپتی ہوئی ریت پر چلئے تو ایسا معلوم ہوتا تھا گویا دہکتے ہوئے کوئلوں پر سے گذر رہے ہیں۔ اس ساربان لڑکے کے لئے طیارہ ایک عجیب چیز تھا۔ وہ پریشان ہو گیا اور اس

پریشانی کے عالم میں بھاگنا ہی چاہتا تھا کہ سلیم نے دوڑ کر اسے پکڑ لیا۔ اب جو اس نے اپنی زبان میں بات چیت کرنی شروع کی تو ہم سٹ پٹائے۔ کیونکہ ہم لوگ عربی بالکل نہیں جانتے تھے اور مشکل یہ تھی کہ وہ بھی ہماری زبان سمجھ نہیں سکتا تھا۔ سلیم اور نجم نے وہ مٹھائیاں جو ایران سے ساتھ لائے تھے اسے دیں۔ اور اسے اپنا دوست بنا ہی لیا۔ اب ہم نے اسے اشاروں سے کہا کہ وہ کسی بڑے آدمی کو بلا لائے اور ہمارا کچھ انتظام کرے وہ دوڑتا دوڑتا گیا اور تھوڑی دیر میں ہم نے دیکھا کہ لوگ جوق جوق ہماری طرف چلے آرہے ہیں۔ ان کے لباس عجیب وضع کے تھے۔ ایک لبادہ اور اس لبادہ پر ایک ڈوری بندھی ہوئی۔ پاؤں میں موٹی موٹی چپلیں، سر پر ایک عمامہ بندھا ہوا۔ ان لوگوں نے ہمارے طیارے کو جو دیکھا تو اس پر لوٹ پڑے۔ کوئی گھما کو پھیرنے کی کوشش کرتا، کوئی اس کے بازو کو ہاتھ لگا کر دیکھتا۔ کوئی بڑے بڑے پہیوں کو دیکھ کر متحیر ہوتا۔ غرض کہ ان کی یہ لاعلمی اور تحیر ہمارے لئے ایک سامان تفریح تھا۔ "مجھے حیرت ہے، جناب والا" ایک نوجوان نے آگے بڑھ کر کہا جو ہماری زبان سے کافی واقفیت رکھتا تھا۔

"اس ریگستان اور بے آب و گیاہ میدان میں آپ حضرات کیسے آئے؟"

"ہم نے دنیا کا سفر اختیار کیا ہے"۔ میں نے جواب دیا "دنیا کے مختلف مقامات کے بسنے والوں کا مطالعہ کرنے کے لئے ہم اس طیارے میں گھوم رہے ہیں۔ کیا جناب اس کار نیک میں ہماری اعانت فرمائیں گے"۔

"بسر و چشم" اس نے مسکراتے ہوئے جواب دیا۔ "لیکن میں نہیں سمجھ سکا۔ کہ اس خطرناک مہم میں ان بچوں کا جو آپ کے ساتھ ہیں کیا کام ہے۔"

"شاید آپ کو سمجھانے میں تھوڑی سی غلطی کی ہے"۔ نجم نے اس شخص کو مخاطب کیا "اس مہم کا مقصد جسے آپ خطرناک کہتے ہیں دنیا کے بڑے بسنے والوں سے زیادہ چھوٹے بسنے والوں کا مطالعہ ہے۔ ہم تمام دنیا کے بچوں کی خصوصیات، ان کے عادات و اطوار، ان کے کھیل کود، ان کی تربیت کے طریقوں سے واقفیت حاصل کرنا چاہتے ہیں۔ اس سفر کے اختتام پر شاید ہم ایک کتاب کی صورت میں اپنے تجربوں کو بیان کریں جو یقیناً دنیا کے سارے بچوں کے لئے مفید ثابت ہوگی۔ خیر خوبی سے ہماری واپسی کے لئے دعا فرمایئے کیونکہ آپ مقدس سرزمین کے بسنے والے ہیں"۔ "میری تمام دعائیں آپ کے ساتھ ہیں"۔ اس شخص نے ہنستے ہوئے کہا۔ "ماشاءاللہ میاں آپ بڑے تیز معلوم ہوتے ہیں کیا میں آپ کا نام معلوم کر سکتا ہوں"؟

"مجھے نجم کہتے ہیں" نجم نے جواب دیا۔ "اور کیا میں جناب کا اسم گرامی

معلوم کرنے کا شرف حاصل کر سکتا ہوں"۔

"محمود ابن عباس" اس نے جواب دیا۔

اس کے بعد ہی محمود ابن عباس نجم کا ایسا دوست ہو گیا کہ بغیر نجم کے اسے چین نہ آتا تھا۔ ہم نے جب تک ریاد میں قیام کیا محمود ابن عباس ہماری خاطر و تواضع کرتا رہا۔ اور اس خاطر و تواضع میں اس نے کوئی دقیقہ اٹھا نہیں رکھا۔ ہمیں ریگستان میں کہیں دور ایک ڈیرے میں ٹھہرا گیا۔ مسلسل دو دن تک ہم شہر ریاد میں گھومتے رہے۔ اس شہر میں کوئی خاص بات نہ تھی۔ دوسرے شہروں کی طرح یہاں شاندار عمارتیں نہ تھیں۔ بلکہ چھوٹے چھوٹے مکانات تھے جو سلیقہ سے رکھے جاتے تھے شہر کی گلی کوچوں میں اکثر چھوٹے چھوٹے بچے چلتے پھرتے نظر آتے تھے بچوں کی گردنوں میں ایک باسکٹ لٹکی رہتی تھی جس میں کھجوریں رکھی ہوتی تھیں اور بچے چیخ چیخ کر ان کا بیوپار کیا کرتے تھے۔ سلیم اور نجم نے کھجوریں خریدیں اور خوب پیٹ بھر کر کھائیں۔

"محمود صاحب" سلیم کہنے لگا "ہمیں کسی مدرسے لے چلئے نا"۔

"مدرسہ" محمود نے جواب دیا "کس قسم کا مدرسہ" شاید آپ حضرات کے دماغ میں مدرسہ کا وہی تصور ہو جو مغربی دنیا میں ہوتا ہے۔ لیکن یقین مانئے یہاں معاملہ بالکل برعکس ہے"۔

"آپ کا مطلب؟" میں نے دریافت کیا۔

"میرا مطلب یہ ہے کہ بڑی بڑی عمارتوں میں اور نت نئے اصول کے تحت یہاں تعلیم نہیں دی جاتی۔ اور نہ ان تمام مغربی زبانوں سے بچوں کو آشنا کرایا جاتا ہے۔ جن کا جاننا آپ کے ہاں تہذیب میں داخل سمجھا جاتا ہے۔ ہمارا شروع ہی سے یہ اصول رہا ہے کہ لڑکا پہلے اپنی مادری زبان پر عبور حاصل کرے۔۔۔ خیر تو کل چلیے پھر خود آپ کو اندازہ ہو جائے گا۔"

"ہاں یہ ٹھیک ہے" نجم بول اٹھا "ہمیں خود چل کر دیکھنا چاہیے۔"

دوسرے روز ہم سب مل کر ایک مدرسہ کی طرف چل کھڑے ہوئے ایک غیر آباد محلہ سے ہوتے ہوئے ہم ایک میدان میں نکلے۔ اس میدان میں کچھ دور ایک چھوٹا سا درخت دکھائی دے رہا تھا۔ اس وسیع میدان میں صرف یہی ایک درخت تھا جس طرف نظر دوڑائیے ایسا معلوم ہوتا تھا گویا الّو بول رہا ہے۔

"وہ دیکھیے" محمود نے انگلی کے اشارے سے بتایا "وہ چوکور کمرہ اس درخت کے پاس دکھائی دیتا ہے نا! بس وہی ہے سب سے بڑا مدرسہ شہر ریاد کا" سلیم اور نجم دم بخود ہو گئے۔ سلیم نے حیرت سے منہ پر ہاتھ رکھ کر کہا "اتنی چھوٹی عمارت!"

"عمارت کا ہے کی" محمود نے جواب دیا "ایک کمرہ کہیے۔"

"اور سب اسی میں سما جاتے ہیں"۔ نجم نے سوال کیا۔
"ہاں لیکن ہوتے ہی کتنے ہیں یہ مشکل میں تیس"۔

باتوں باتوں میں ہم اس کمرہ کے قریب ہو گئے۔ اور تھوڑی دیر بعد تو ہم اس کے دروازے پر کھڑے تھے۔ ایک ہنگامہ برپا تھا معلوم ہوتا تھا کہ تمام لڑکے ایک ساتھ پکار پکار کر پڑھتے ہیں۔ محمود ابن عباس ہمیں لے کر کمرہ میں داخل ہوا۔ ہمیں دیکھ کر لڑکے پڑھنا پڑھانا سب بھول گئے۔ اور ہماری ہی طرف ٹکٹکی باندھ کر دیکھنے لگے۔ نجم اور سلیم کو دیکھ کر چہ میگوئیاں ہوئیں۔ اور آپس میں کھسر پھسر ہونے لگی۔ ہم نے دیکھا کہ اس کمرہ کی دیوار ایک طرف سے ٹوٹی ہوئی ہے دوسری طرف ایک ٹوٹا ہوا دروازہ تھا جس پر کچھ نقش و نگار تھے۔ اور چھت قریب الانہدام تھی۔

لڑکے گروہوں میں تقسیم تھے۔ اور ان تمام گروہوں پر صرف ایک مدرس تھا۔ یہ مدرس ہم لوگوں کو دیکھ کر تعظیماً اٹھ کھڑا ہوا۔ اور آگے بڑھ کر مصافحہ کرنے کے بعد ہمارے ہاتھ چومے اور ہمارے بیٹھنے کے لئے ایک شطرنجی بچھا دی۔ ہاتھ چومنے کی رسم ان کے ہاں زمانہ قدیم سے چلی آ رہی ہے اور اب بھی رائج ہے۔ یہ مدرس ایک بدوی عرب تھا۔ بدوی عرب بڑے مہمان نواز اور باخلاق ہوتے ہیں۔ اجنبیوں اور مسافروں کے ساتھ یہ نہایت ہمدردی اور انکساری کے ساتھ پیش آتے۔ اور حتی الامکان

انہیں خوش رکھنے کی کوشش کرتے ہیں۔ بدوی بچوں کا لباس وہی ہوتا ہے جو بڑے پہنتے ہیں۔ ہاں فرق صرف یہ ہے کہ وہ عمامہ نہیں باندھتے۔ بلکہ گول گنبد نما ٹوپیاں پہنتے ہیں۔ مدرس ہمیشہ ایک چھڑی اپنے ہاتھ میں لئے پھرتا ہے۔ اور جہاں کسی لڑکے نے کوئی غلطی کی یا گڑبڑ مچائی تو اس نے دو تین بیدیں وہیں رسید کر دیں۔ ایرانی قدیم مدرسوں کی طرح یہاں کے لڑکے بھی بڑی بڑی تختیوں پر لکھتے ہیں۔

تھوڑی دیر بعد مدرس نے لڑکوں کو یہ کہہ کر چھوڑ دیا کہ ”جاؤ اب تم لوگ کھیلو۔“

تمام لڑکے ہنسی خوشی بغلوں میں اپنے بستے دبائے نجم اور سلیم کو گھورتے باہر نکل گئے۔ نجم اور سلیم بھی ان کے ساتھ باہر نکل گئے تاکہ ان کے کھیلوں کا بغور مطالعہ کریں۔ سلیم نے آکر مجھ سے کہا ”یہ تو بس ایک ہی کھیل جانتے ہیں۔“

”وہ کیا؟“ میں نے پوچھا۔

”اونٹوں کی سواری میں بڑے نڈر ہوتے ہیں یہ لوگ۔ گر جائیں تو؟“

”گرینگے کیسے! انھیں تو اس میں مہارت ہوتی ہے۔“

اسی شام ہم نے بھی اونٹ کی سواری کی۔ نجم طبا پس وپیش اور بغیر کسی خوف کے بیٹھ گیا لیکن سلیم تھا کہ ڈر سے پیچھے ہٹتا تھا۔ اسے بہت منایا سمجھایا لیکن اس بندہ خدا نے ٹس سے مس نہ کی۔ اسے وہیں چھوڑ کر میں اور

نجم نے خوب سیر کی۔ اور کوئی گھنٹہ آدھ گھنٹہ پھرتے رہے۔

تیسرے روز صبح ہمیں ایک سرکاری صنعتی مدرسے کے دیکھنے کا موقع ملا۔ اپنی قیامگاہ سے کوئی آدھے میل چلنے کے بعد ہمیں ایک چھوٹا سا مکان دکھائی دیا۔ یہ مکان شہر کے ایک ایسے محلے میں واقع تھا جہاں ہمیشہ چہل پہل رہتی ہے کھجوروں والے چھوکروں کی آوازیں اور سریلے عربی گیت سنتے ہوئے ہم اس مدرسے میں داخل ہوئے محمود ابن عباس نے یہاں کے صدر مدرس اور دوسرے اساتذہ سے ہمارا تعارف کرایا۔ اور بہت دیر تک بڑے دلچسپ موضوع پر گفتگو رہی۔ انھوں نے ہمارے سفر کی غرض و غایت دریافت کی اور میں نے بھی اپنے سفر کے تمام مقاصد من وعن اس طرح سلجھا کر بیان کئے کہ وہ ہمارے بندہ بے دام ہو گئے۔ تو تعریفیں کر کے ہمارے حوصلے بڑھانے لگے۔ اور کہا کہ دنیا میں ایسے لوگ کم ہوتے ہیں جو ان مفید مقاصد کے تحت سفر اختیار کرتے ہیں۔ نجم اور سلیم نے بھی کچھ ایسی بھولی بھولی اور کام کی باتیں کیں کہ ہندوستانی بچوں کی نسبت انھوں نے بہترین رائے قائم کی اور خوشی میں آکر سب نے نجم اور سلیم کے ہاتھوں کو چوم چوم لیا۔

میں نے صدر مدرسے سے کہا "چلئے جس لئے ہم یہاں آئے تھے اس کی تکمیل ہو جائے۔ اور ہم عرب کے چھوٹے صناعوں کو دیکھ لیں" "بخوشی" اس نے جواب دیا۔ صدر مدرس بہت ہی منکسر المزاج اور تعلیم یافتہ آدمی تھا وہ ہماری

زبان سے تھوڑی بہت واقفیت رکھتا تھا۔ چنانچہ ہم نے اس کے آگے اپنے خیالات کو پھیلانے میں کوئی دقت محسوس نہیں کی۔ دو چھوٹے کمروں میں سے ہوتے ہوئے ہم ایک بڑے ہال میں پہونچے اس لمبے ہال میں طلباء پتھروں پر کچھ خوبصورت نقش و نگار کر رہے تھے۔ اور پتھروں پر کھدائی کا کام بڑی تیزی سے ہو رہا تھا۔ ہمیں ان چھوٹے بچوں کو اس انہماک کے ساتھ کام کرتے دیکھ کر بے انتہا مسرت ہوئی۔ اور پھر اس پر ان کا اس پھرتی سے کام کرنا ـــــ میرے لئے تو کم از کم انتہائی دلچسپی کا باعث تھا۔ اس ہال سے نکل کر ہم ایک چھوٹے سے کمرہ میں پہونچے۔ یہاں چند لڑکے قالین بافی کے کام میں مشغول تھے۔ قالین بافی گو عرب میں عام نہیں لیکن اسے ایک ذیلی صنعت قرار دیکر لڑکوں میں شوق پیدا کرنے کی کوشش کی گئی ہے۔ اس کمرہ سے نکل کر ہم باہر میدان میں آئے اور مدرسہ کی مسجد سے ہوتے ہوئے پھر صدر مدرسہ کے کمرہ میں پہنچے۔ "آپ حضرات کی مہربانی" میں نے صدر مدرسہ اور مدرسوں کا شکریہ ادا کرتے ہوئے کہا۔ "لیکن کیا ان دو صنعتوں کے علاوہ یہاں کوئی اور دستکاری نہیں"۔

"جی نہیں" صدر مدرسہ نے گرمجوشی سے مصافحہ کرتے ہوئے کہا "یہاں کے لئے یہی کافی ہے"۔ پھر نجمہ اور سلیم کی طرف پلٹ کر اس نے کہا۔ "مجھے ان بچوں پر بہت پیار آتا ہے۔ مجھے ان سے ایک انس سا ہوتا جا رہا ہے ـــــ

آج شام آپ حضرات جا رہے ہیں ورنہ شاید غریب خانہ پر آپ کی قدم افروزی کا میں بھی شرف حاصل کرتا ——— خدا حافظ۔"

"کاش آپ حضرات کچھ دن اور ٹھیر سکتے ——— یہ چند روزہ صحبت کیسی اچھی رہی ——— خیر ——— بہ سلامت روی ——— خدا حافظ" محمود ابن عباس نے مجھ سے ملتے ہوئے کہا۔

آگے بڑھ کر اس نے نجم اور سلیم کو گلے سے لپٹا لیا۔ اور میں دیکھ رہا تھا۔ کہ موٹے موٹے دو آنسوؤں سے اس کی آنکھیں تر تھیں۔

مصر اور مصری بچے۔ عدن میں ایک روز کے قیام کے بعد ہم نے اپنے جہاز کا رُخ مصر کی طرف پھیر لیا۔ بحیرہ احمر کی سخت گرمی چار و ناچار برداشت کرتے ہوئے ہم آفریقی سرحدوں میں داخل ہوئے اور اریٹیریا کے علاقہ کو بہ مشکل تمام پار کیا۔ کیونکہ ہر کس و ناکس اس اٹالوی نو آبادی میں گھس نہیں سکتا۔ حکومت کا پاسپورٹ دیکھ کر چھوڑا جاتا ہے۔ ہمارے پاس پاسپورٹ کہاں تھا اس لئے بڑی دقت پیش آئی۔ ایطالوی افسروں کی حد سے زیادہ چاپلوسی اور سفر کے اعلیٰ مقاصد کی تشریح کرنی پڑی تب کہیں جا کر وہ بڑی مشکل سے راضی ہوئے۔ اور بادل ناخواستہ ہمیں اپنے علاقہ سے اڑان کرنے کی اجازت دیدی۔ اریٹیریا سے نکلنے کے تین چار گھنٹے بعد ہمارا طیارہ "ہوائی مچھلی" دنیا کے اس قدیم ترین اور تاریخی دریا پر

پرواز کر رہا تھا جسے "رود نیل" کہتے ہیں۔ یہ وہی دریا ہے جس میں فرعون نے اپنی سیلاب سی امڈتی ہوئی فوج کو ڈوبتے دیکھا تھا۔ یہ وہی عظیم الشان نیل ہے جس پر کلا بطرہ ملکہ مصر کا خوبصورت جہاز جھکولے لیتا اِدھر سے اُدھر گھومتا تھا۔ یہ وہی تاریخی سیل آب ہے جس پر تمدن اُٹھ اٹھ کر تہہ آب ہو گیا۔ اسی نیل کا طفیل ہے کہ مصر میں زمانہ قدیم سے آج تک تہذیب تمدن کا طوطی بولتا رہا ہے۔ بہر حال یہی وہ قدرت کا بے بہا عطیہ ہے جس کے احسان کے بوجھ سے مصر کبھی سبکدوش نہ ہو سکے گا۔

لو آج ہم بھی اسی نیل کو آنکھیں پھاڑ پھاڑ کر دیکھ رہے ہیں! میں نے تو کم از کم اس میں عجیب جاذب نظری دیکھی اور سچ یہ ہے کہ میری آنکھیں اس کے شاہانہ بہاؤ اور تیز رفتاری کو دیکھتی کی دیکھتی رہ گئیں۔

"میں اس دریا کے متعلق بہت کم جانتا ہوں" سلیم نے نجم سے کہا۔

"اور میری بھی یہی حالت ہے" نجم نے جواب دیا۔ "تو پھر چلو بھیا سے دریافت کر لیں"۔ یہ دونوں میری طرف مخاطب ہوئے۔

"اس کے متعلق یوں بیان کیا جاتا ہے"۔ میں نے روڈر[1] کو سیدھے ہاتھ موڑتے ہوئے کہا کہ یہ دریا جھیل وکٹوریہ سے نکلتا ہے۔ یہ جھیل آفریقہ کے مشرق میں واقع ہے۔ یہاں سے نکلتے وقت اس کی رفتار نہایت سست اور اس کا راستہ بہت ہی صاف ہے اس میں جہاز رانی

---

[1] یہ ایک کل ہوتی ہے جس کے ذریعہ طیارہ اِدھر اُدھر اڑا جاتا ہے

ممکن ہے کسی حالت میں یہ دریا خرطوم پہنچتا ہے جو مصری سوڈان میں واقع ہے۔ خیرطوم سے آگے بڑھنے کے بعد اس کا راستہ پتھریلا ہوتا گیا ہے اور اس کا بہاؤ تیز ہو گیا ہے۔ اس جگہ جہاز رانی ممکن نہیں اس کی یہ تیز رفتاری اسوان[1] تک رہتی ہے۔" "اسوان شاید مصر میں ہے؟"

"ہاں۔ تو اسوان سے اس کی رفتار اور اس کا بہاؤ دونوں سست ہو جاتے ہیں۔ اور یہاں سے اسکندریہ[2] تک آمدورفت کا سلسلہ جاری ہو جاتا ہے چھوٹے چھوٹے دخانی جہاز اس میں چلائے جاتے ہیں۔ اور خوب تجارت ہوتی ہے۔ قاہرہ سے گذر کر یہ دریا بحیرہ روم میں گرتا ہے۔ اس کے علاوہ اس کی دو اور شاخیں ہیں جنہیں نیل ازرق[3] اور نیل ابیض[4] کہتے ہیں"۔

"تو قاہرہ مصر کا بندرگاہ بھی ہے"؟

"نہیں تو کسی زمانہ میں تھا لیکن نیل نے یہاں اپنی قیمتی مٹی لا کر جمع کرنا شروع کی اور یہ اتنی جمع ہو گئی کہ شہر قاہرہ سمندر سے بہت پیچھے ہٹ گیا۔ اب یہاں کا مشہور بندرگاہ اسکندریہ ہے۔"

ہم نے سامنے جو نگاہ دوڑائی تو ہمیں اب مصری اہرام دکھائی دے رہے تھے اور ابوالہول کی وحشت ناک صورت ہمارے آگے آگئی تھی

ح ۱ مصری سوڈان کا ایک مشہور شہر ح ۲ مصر کا بندرگاہ ح ۳ انگریزی میں "بلو نائل"
ح ۴ اور "وائٹ نائل"

جہاز کی اونچائی سے اہرام مصری اور ابوالہول کا منظر قابل دید تھا۔ ہمارے طیارے پر پرچم آصفی دیکھکر قاہرہ کے طیران گاہ پر ہمیں اترنے کے اشارے ہونے لگے۔ اندھا کیا چاہتا ہے۔ دو آنکھیں! میں نے اس موقع کو غنیمت جانکر طیارہ کا رُخ زمین کی طرف کردیا۔ طیران گاہ کے لوگ ہمیں طیران گاہ کے انچارج افسر کے ہاں لے گئے۔ میدان سے گذر کر ہم طیران گاہ کی عمارت میں داخل ہوئے۔ دو تین خوبصورت کمروں میں سے گذرنے کے بعد ہم تینوں اس افسر کے کمرہ کے سامنے کھڑے تھے۔ "اندر آئیے" ایک نوجوان ہمیں اندر داخل کرکے خود باہر نکل آیا۔

"السلام علیکم" ہم تینوں نے ایک زبان ہوکر کہا۔ "ہم ہندوستان سے آرہے ہیں اور ..." جملہ ختم ہونے بھی نہ پایا تھا کہ اپنی جگہ سے اٹھکر اس افسر نے ہم تینوں کو یکے بعد دیگرے گلے لگا لیا۔ اس کی آنکھوں سے خوشی کے آنسو بہہ رہے تھے۔ اور فرط مسرت میں وہ دیوانہ سا ہوا جاتا تھا۔

"ہم وطنوں کو دیکھکر مجھے کتنی خوشی ہوتی ہے"۔ اس نے ہمیں کرسیوں پر بٹھاتے ہوئے کہا۔ "آپ حضرات پریشان نہ ہوں۔ میں بھی ہندوستانی ہوں۔ اور میرا وطن لاہور ہے۔ ۵ سال ہوئے میں نے اپنے وطن کو خیرباد کہی اور مصری ہوائی سروس میں داخل ہوگیا۔ اب اسے خوش قسمتی کہئے یا ہم وطنوں کی دعا کہ بہت جلد مجھے ترقی دیکر یہاں کے طیران گاہ کا

انچارج افسر بنا دیا گیا۔ فرمائیے۔ آپ حضرات کا یہاں کیسے آنا ہوا۔ آپ حضرات کے نام کیا ہیں ـــ اور یہ بچے میرے وطن کی ننھی مخلوق اف! کتنا پیار آتا ہے مجھے اپنے ملک کے بچوں پر ـــ کہئے کچھ کہئے ـــ خاکسار کو امتیاز الدین کہتے ہیں ـــ کچھ تو فرمائیے۔"

ہم دم بخود بیٹھے امتیاز الدین کے باتوں کو سن رہے تھے۔ ہمارے دل بھی خوشی سے اچھل رہے تھے اور ہمیں اپنی آنکھوں اور کانوں پر یقین نہ آتا تھا۔ اس حسن اتفاق کو دیکھئے کہ ہمیں ایک ایسا ہم وطن مل گیا۔ جو مصر میں کافی تجربہ رکھتا تھا۔ اور جس کے توسط ہم سارے مصر کو چھان مار سکتے تھے۔ خوشی کی یہ انتہا تھی کہ ہماری زبانوں سے ایک لفظ نہ نکلتا تھا۔ تحیر کا یہ عالم کہ ہم تینوں دیر تک امتیاز الدین کی طرف ٹکٹکی لگائے بیٹھے رہے۔ میں نے آخر اس طلسم سکوت کو توڑتے ہوئے کہا "ہم نے جس مقصد کے تحت دنیا کا سفر اختیار کیا ہے وہ گو بہت معمولی ہے لیکن اپنی جگہ بڑی اہمیت رکھتا ہے۔ ہمیں حیدرآباد چھوڑے کئی دن کا عرصہ ہوتا ہے اور ہم ایران اور عرب سے ہوتے ہوئے سیدھے مصر آئے ہیں۔ دنیا کے بچوں کا غور سے مطالعہ کرنا مختلف مقامات کی مختلف آب و ہوا کے سبب ان کی خصوصیات میں بین فرق معلوم کرنا یہ ہمارے سفر کی اصل غرض و غایت ہے اس سفر کے اختتام پر ہم دنیا کے مختلف خطوں کے بچوں کو ایک دوسرے سے

آشنا کرائینگے۔ میرے یہ دو ننھے ساتھی نجم اور سلیم ہیں۔ اور بندہ کو عزیز کہتے ہیں۔ ہم جناب کے اس گرمجوش استقبال کا شکریہ ادا کرتے ہیں ہمیں سب سے زیادہ اس بات کی مسرت ہے کہ ہمیں یہاں اپنا ایک بھائی مل گیا۔"

"بہت بہتر" امتیاز الدین نے اپنی دستی سے خوشی کے آنسو پوچھتے ہوئے کہا۔ "چلئے میرے گھر۔ میں تنہا رہتا ہوں، میری خواہش تو خیر یہی ہوگی کہ ہمیشہ کے لئے آپ حضرات کو یہاں روکے رکھوں لیکن آپ کی اولوالعزمی مجھے ایسا کرنے سے روکتی ہے۔ اچھا چلئے۔" اس نے اٹھکر نجم اور سلیم کو اپنی گود میں لیا۔ اور آگے بڑھا میں بھی ان کے پیچھے ہولیا۔ آپ کا طیارہ یہاں محفوظ رہیگا۔" امتیاز الدین نے پلٹ کر مجھ سے کہا "چلئے"۔

ہم ایک عالیشان موٹر میں بیٹھ گئے۔ اور بعض قدیم اور تنگ و تاریک گلی کوچوں میں سے ہوتے ہوئے شہر قاہرہ کی نئی آبادی میں داخل ہوئے۔ یہ آبادی بڑی پُرفضا تھی۔ سڑکوں پر دو رویہ درخت لگے ہوئے تھے۔ اور چھوٹے چھوٹے خوبصورت مکانات بنے ہوئے تھے ہر مکان میں ایک باغیچہ نظر آتا تھا۔ تھوڑی دور چلنے کے بعد ہماری موٹر ایک بڑے پھاٹک میں داخل ہوئی اور ایک خوبصورت باغیچہ کا چکر لیتی ہوئی مکان کی سیڑھیوں کے سامنے آکر رکی۔ ایک خادم ہمارا

اسباب لے کر اوپر چلا گیا۔ امتیاز الدین کا چھوٹا سا مکان بڑا خوبصورت تھا۔ اور جدید وضع پر تعمیر کیا گیا تھا۔ محل وقوع کے لحاظ سے اس ساری آبادی میں یہ مکان اپنا ثانی نہیں رکھتا تھا۔ اس پر طرہ یہ کہ امتیاز الدین نے اپنے حسن سلیقہ سے اسے سجا کر بے مثل کر دیا تھا۔

برآمدے میں سے ہوتے ہوئے ہم ڈرائنگ روم میں آئے اور یہاں سے امتیاز الدین ہمیں اوپر کی منزل پر لے گیا۔ ہمیں اپنا کمرہ بتا دیا گیا اور ہم کپڑے تبدیل کر کے آرام لینے کی خاطر پلنگوں پر دراز ہو گئے۔ "آپ لوگ تکلف نہ فرمائیں اور اسے اپنا گھر سمجھیں"۔ امتیاز الدین نے ہم سے کہا۔

"بھلا اس میں کیا شک ہے" میں نے جواب دیا "آپ خاطر جمع رکھیں"۔ وہاں سے وہ کسی اور طرف چلا گیا۔

"بڑے شریف آدمی ہیں بچارے" نجم نے کہا۔

"ہاں دیکھئے تو وہ ہماری کیسی خاطر تواضع کر رہے ہیں" سلیم نے نجم کی تائید کی۔

قدیم مصری لوگوں کے حالات پڑھنے اور ان کے اعتقادات کا بغور مطالعہ کرنے سے بعض مرتبہ ہنسی آتی ہے۔ مثلاً یہ کہ مصر میں جب کسی گھر بچہ پیدا ہوتا ہے تو اس کا نام چند توہمات کی بنا پر رکھا جاتا ہے،

بچے کے پیدا ہوتے ہی کئی موم بتیاں جلائی جاتی ہیں۔ ان موم بتیوں کے مختلف نام دیدئے جاتے ہیں۔ جو موم بتی سب سے زیادہ دیر تک جلتی رہتی ہے، بچہ کا وہی نام رکھا جاتا ہے۔ یہ رسم قدیم زمانہ ہی میں نہ تھی بلکہ بعض گھرانوں میں اب بھی اس کا رواج ہے۔ کچھ ان توہمات سے بھی مصری لوگ بانام ہیں۔ لڑکوں کے نام عموماً کسی بزرگ یا اولیاء اللہ کے ناموں پر رکھے جاتے ہیں۔ اور لڑکیوں کو گل بانو نکہت وغیرہ جیسے ناموں سے پکارا جاتا ہے۔ مصر کی قدیم تاریخ کی ورق گردانی کرنے سے معلوم ہوتا ہے کہ یہاں کی تہذیب اور یہاں کا تمدن کسی زمانہ میں ساری دنیا میں مشہور تھا۔ اسلام کے پھیلنے سے قبل یہاں کے لوگوں میں مذہبی تفرقہ تھا ہر مذہب کے کئی کئی دیوتا ہوتے تھے۔ ہوا کا دیوتا، پانی کا دیوتا، نیل کا دیوتا، غرض ان کے کئی ایک خدا ہوتے تھے۔ چنانچہ ہر سال ایک خوبصورت لڑکی دیوتائے نیل کی قربان گاہ پر بھینٹ چڑھائی جاتی تھی۔ زمانہ ترقی کرتا گیا، مذہبی اختلافات سرزمین مصر سے اٹھتے گئے۔ اور اسلام کے پھیلنے کے بعد اس قسم کا کوئی مذہب وہاں باقی نہیں رہا۔ ان قدیم مذہبوں کی یادگار وہاں اب صرف اہرام اور ابوالہول کی صورت میں رہ گئی ہے۔

مہت سے نجم اور سلیم کا بڑا دوست بن گیا تھا۔ امتیاز الدین کے ساتھ

رہنے بسنے سے اس نے کچھ ٹوٹی پھوٹی اردو بھی سیکھ لی تھی۔ اور نجم اور سلیم سے اپنا مطلب نکال لیا کرتا تھا۔ وہ اکثر نجم اور سلیم کے ساتھ بیٹھ کر قدیم مصری کہانیاں دہراتا۔ اسے خوب کہانیاں یاد تھیں اور جب تک ہم وہاں رہے اس کا معمول تھا کہ روز ایک کہانی ہم لوگوں کو سنائے بغیر نہ رہتا۔ اس نے ایک دن بڑی اچھی کہانی سنائی۔ کہنے لگا۔

"بہت زمانہ گذرا مصر کے ایک شہر میں قرمزنامی ایک بہت ہی خوبصورت لڑکی رہتی تھی۔ ایک روز وہ نیل کے کنارے نہانے کے لئے گئی۔ اس نے اپنے دوسرے کپڑوں کے ساتھ اپنی چپلیں بھی کنارے پر چھوڑ دیں۔ ادھر سے ایک چیل کا گذر ہوا۔ چیل نے جو یہ سرخ چپلیں دیکھیں تو جھپٹا مار کر لے گئی۔ اور اس ملک کے بادشاہ کے دربار میں لیجا کر چھوڑ دیا بادشاہ نے جب یہ خوبصورت چپلیں دیکھیں تو بہت خوش ہوا اور اعلان کیا کہ چپلیں جس کسی کی ہیں وہی اس ملک کی ملکہ بنیگی۔ مصر کی مختلف عورتوں نے کوشش کی لیکن چپلیں نہ تو پاؤں میں ٹھیک بیٹھیں اور نہ اچھی معلوم ہوئیں۔ آخر قرمز اپنی چپلیں ڈھونڈتی ڈھونڈتی بادشاہ کے محل کے پاس سے گذری۔ دربانوں نے اسے بھی دربار شاہی میں باریاب کیا۔ اس نے اپنی چپلیں جو دیکھی تو فوراً انہیں پہن لیا۔ پہننے کے بعد اس کے پاؤں بڑے خوبصورت معلوم ہونے لگے۔ بادشاہ نے

اسی دن قرمز سے شادی کرلی اور اس نے ملکہ بن کر زندگی کے بقیہ دن عیش و آرام میں گذارے۔" اس طرح اس نے کئی ایک قصے سنائے اور وہ دونوں بھی پرانی ہندی کہانیاں ہمت بے کو سناتے رہے۔

"فلاحا" یہ لفظ یقیناً آپ کے لئے عجیب وغریب ہوگا۔ لیکن سنئے! یہ نہ تو کسی بڑے سے جانور کا نام ہے اور نہ کسی چھوٹی سی چڑیا کا بلکہ "فلاحا" مصری دہقانی لڑکی کو کہتے ہیں اور "فلاح" دہقانی لڑکے یا مرد کو۔ ان لوگوں کو قدیم مصری تہذیب، بھوت، پریت اور دیوی دیوتاؤں کے بہت سے قصے یاد ہوتے ہیں کبھی کسی اجنبی کو انھوں نے دیکھ لیا اور اسے بٹھا کر کہانیوں کا تانتا باندھ دیا۔ یہ اس وقت تک نہیں رکتے جب تک کہ سننے والا خود بیزار نہ آجائے۔ "دختر نیل" اور "نیل کے بچے" ایسی کئی ایک کہانیاں انھوں نے ہمیں بھی سنائیں۔

ہمیں قاہرہ آئے ہوئے تین روز گذر چکے تھے چوتھے روز صبح امتیاز الدین نے ہمیں ایک مدرسہ میں چلنے کی دعوت دی۔ ہم سب مل کر اس مدرسہ کی طرف پیدل چل کھڑے ہوئے۔ ہمت بے بھی ہمارے ساتھ تھا۔ وہ اتنا باتونی تھا کہ ایک منٹ کے لئے بھی خاموش نہیں رہتا تھا۔ راستہ بھر سلیم اور نجم سے باتیں کرتا رہا۔ تین چار فرلانگ کی مسافت طے کرنے کے بعد ہم ایک بڑی عمارت کے آگے کھڑے تھے۔

جو قدیم مصری محلات کی وضع پر تعمیر کی گئی تھی۔ مدرسہ کے اندر جانے کے بعد ہمارا تعارف کئی لوگوں سے کروایا گیا۔ جن میں اس مدرسہ کا صدر بھی شامل تھا۔ چند لڑکوں نے ہمیں سارے مدرسہ کا معائنہ کرایا۔ بہت دیر تک ہم سے گفتگو کرتے رہے۔ اور ہندوستان سے متعلق کئی سوالات کئے۔ یہ مدرسہ قدیم عربی اور ایرانی مدرسوں کی طرح نہ تھا گو یہاں بھی ایسے مدارس ملتے ہیں لیکن بہت کم اور وہ بھی چھوٹے چھوٹے گاؤں میں۔ اس عمارت میں کئی ایک کمرے تھے اور ہر کمرے میں صرف ایک ایک جماعت بیٹھتی تھی۔ کئی مدرسین یہاں تعلیم دیتے تھے۔ اور لڑکے بڑے انہماک کے ساتھ اسباق سنتے تھے۔ تعلیم کے علاوہ ہر قسم کے کھیل کود میں لڑکے حصہ لیا کرتے تھے۔ مدرسے کے احاطے میں جھولے اور بار لگے ہوئے تھے تین بجے کے بعد مدرسہ کے تمام طلباء سے ڈرل کرائی جاتی تھی۔ اور اس کے بعد ہر لڑکا اپنی مرضی کے مطابق کھیل میں شریک ہو جاتا تھا۔ طلباء عموماً اقامت خانوں میں رہا کرتے تھے۔ کیونکہ یہاں ان کے رہنے سہنے کا معقول انتظام تھا۔

ساڑھے بارہ بجے ہم یہاں سے سیدھے جامعہ ازہر پہنچے۔ یہ جامعہ مصر ہی کیا ساری دنیا کے جامعات میں سب سے قدیم سمجھی جاتی ہے۔ کئی سو برس پہلے اس جامعہ کی بنیاد رکھی گئی تھی۔ اور یہ اتنی پھیلی پھولی کہ

سارے عالم میں اس کا ڈنکا بج گیا۔ دنیا کے چپہ چپہ سے یہاں لڑکے تعلیم حاصل کرنے کے لئے آتے ہیں اور یہیں سے لایق فایق بن کر جاتے ہیں۔ بہرحال یہ جامعہ اپنے ساتھ ایک مستقل تاریخ رکھتی ہے۔

شام میں چار بجے اہرام اور ابوالہول کو دیکھتے ہوئے ہم طیران گاہ پہنچے یہاں ہمارا طیارہ کھڑا تھا۔ اپنے طیارے کو دیکھ کر مجھے انتہائی مسرت ہوئی کیونکہ اسے بالکل پاک و صاف کر دیا گیا تھا۔ اور اس کی مشنری کو بھی اس طیران گاہ کے طیارہ رانوں نے ٹھیک کر دیا تھا۔ اب امتیاز الدین سے جدا ہونے کا وقت آگیا تھا۔ اس نے ہمیں اپنے گلے سے لپٹا لیا، ہمیں دعائیں دیں، خوب تحفے تحائف ہمارے ساتھ کئے۔ اور اس وقت تک کھڑا دستی ہلاتا رہا جب تک کہ ہمارا طیارہ اسکی نظروں سے غائب نہیں ہوگیا۔

مصر کی تاریخی سرزمین کو ہم چھوڑ چکے تھے

"ہم ہیں ترک" (ترکی بچے)

سمرنا پہنچنے کے بعد ہم میاں یوسف کے گھر مہمان ہوئے۔ اس سے قبل کہ ترکی بچوں کے متعلق کچھ کہا جائے۔ یہ بتا دینا مناسب ہوگا کہ آج کل کا ترکی وہ ترکی نہیں رہا جو جنگ عظیم سے پہلے تھا۔ کمال پاشا کے دانشمندانہ تدبر نے ترکی کو "مرد بیمار" سے "مرد قوی" بنا کر کھڑا کر دیا ہے۔

ترکی کی حکومت اور ساتھ ہی ساتھ وہاں کے ارباب حکومت بھی وہ نہیں رہے۔ جو جنگ سے قبل تھے۔ اُس وقت کی تہذیب و تمدن اور تعلیم اور اِس زمانے کی تعلیم اور تہذیب میں نمایاں فرق پیدا ہو چکا ہے، جس طرح وہ اپنے پرانے اور بوسیدہ روایات کو توڑ تاڑ کر اپنے میں مغربیت کا رنگ پیدا کر رہے ہیں۔ اسی طرح اپنے ملک کے قدیم شہروں کے نام تک انھوں نے بدل ڈالے ہیں۔ ان میں یورپی جھلک پیدا کر دی گئی ہے اور اسی پر ہر ترک نازاں ہے۔ بہر حال جیسے انگریز یورپ کے "مرد بیمار" کے نام سے موسوم کیا کرتے تھے۔ ترکی اب وہ مرد بیمار نہیں رہا۔

اب ہمارے ننھے میزبان میاں یوسف کے متعلق بھی کچھ کہہ سن لیجئے۔ یوسف بلا ناغہ مدرسہ جایا کرتا ہے۔ کئی مرتبہ اس نے نجم اور سلیم کو بھی ساتھ چلنے مجبور کیا۔ کیونکہ نجم اور سلیم اس کے ساتھ گھل مل گئے تھے۔ اور یوسف ان دونوں کو بہت چاہنے لگا تھا۔ میاں یوسف کا مدرسہ ایک نہایت عالیشان اور سہ منزلہ عمارت ہے۔ تعلیم یہاں جدید اصولوں کے تحت ہوتی ہے۔ یہاں کے لڑکے ہندوستانی لڑکوں کی طرح باتونی اور مردہ دل نہیں ہوتے۔ میاں یوسف کو اپنے گھر، اپنے کپڑوں اور اپنے مدرسے سے اتنی دلچسپی نہیں جتنی غیر ممالک کے حالات سننے

ہے وہ ہمیشہ نجم اور سلیم کو مجبور کیا کرتا تھا کہ وہ ہندوستان سے متعلق قصے بیان کرتے رہیں۔ اور خود بڑے انہماک کے ساتھ سنتا تھا۔ اور جب قصہ ختم ہو لیتا تو کہہ اٹھتا کہ "ہمیں لے چلئے نا آپ کے ملک کو"۔ "ہمارا ملک بڑا اچھا ہے" اس نے ایک دن سلیم سے کہا "وہ خوب ترقی کر رہا ہے۔ تمام صنعتوں میں یورپ اور امریکہ کا ہم پلہ ہے۔ ہماری قوم دنیا میں سب سے زیادہ باوقار اور بہادر ہے" یوسف کی ان باتوں سے میرے دل میں ایک درد سا ہوتا تھا۔ کیونکہ اپنے ملک کے بچوں کو میں نے کبھی اس قسم کی جذبات سے بھری ہوئی گفتگو کرتے نہیں سنا۔ "بڑے ہو کر تم کیا کرو گے۔ یوسف؟" میں نے اس سے دریافت کیا "وطن کی خدمت!" اس نے جواب دیا۔ "ہم پڑھتے اسی لئے ہیں کہ تعلیم حاصل کرنے سے ہمیں راہ راست معلوم ہو اور اس راہ پر چل کر ہم وطن کی خدمت کریں۔ وطن کے لئے ہم اپنا آخری قطرہ خون بہا دیں گے۔" ترکی کی حکومت اور ترکی کے سیاسی حالات سے ہمیں کوئی سروکار نہیں لیکن ترکی کی تعلیمی ترقی کو مدنظر رکھنا ہمارا فرض اولین ہے۔ نجم اور سلیم تو ساتھ ہی ہیں۔ آئیے آپ بھی ہمارے ساتھ چلئے۔ شہر میں گھومتے گھماتے دو چار مدرسوں کی سیر کریں۔ یوسف کے والد نے جس طریقے پر ہماری خاطر و مدارات کی اس احسان کا بوجھ ہم اپنے کاندھوں سے اتار ہی

نہیں سکتے یہ بھی انہیں کی مہربانی کا نتیجہ تھا۔ کہ ہمیں تمام مدارس پھر کر دیکھنے کا موقع ملا۔ معلوم نہیں انھوں نے تمام مدارس کو کیا لکھ بھیجا کہ جوں ہی ہم ایک مدرسے کے احاطہ میں داخل ہوئے۔ ہماری ایسی آؤبھگت ہوئی کہ ہم حیران اور ششدر رہ گئے۔ مدرسہ کے میدان میں کشافہ اپنے پورے لباس میں کھڑے ہوئے تھے۔ ایک طرف لڑکیاں علم آزادی بنہائے ترانہ قومی پڑھ رہی تھیں اور دوسری طرف لڑکے نیچے سُروں میں ان کا ساتھ دے رہے تھے۔ ان دورویہ کشافوں کے درمیان سے ہوتے ہوئے ہم مدرسہ کی عمارت میں آ گئے۔ یہاں پر چند اور لڑکوں نے ہمیں خوش آمدید کہا۔ میری یہ حالت تھی کہ ان کی اس خوش اخلاقی کا گرویدہ ہوا جاتا تھا نجم اور سلیم کو تمام لڑکوں نے گھیر لیا۔ اسے یوسف کی بدبختی ہی کہئے کہ وہ بھی ہمارے ہی ساتھ تھا۔ اب اس پر سوالات کی بوچھاڑ شروع ہوئی۔ جوابات دیتا دیتا غریب اتنا تھک گیا۔ کہ آخر اسے دیوار کا سہارا لے کر ایک جگہ بیٹھ جانا پڑا۔ سلیم اور نجم بھی ان بچوں میں ایک دلچسپی سی محسوس کر رہے تھے۔ ہم جس مدرسہ کو دیکھنے کے لئے گئے تھے وہ ایک سرکاری درسگاہ تھی جہاں ہر زبان اور تقریباً تمام ادبیات کی تعلیم دی جاتی تھی۔ اس ادارے میں ترکی کے بڑے بڑے عالم و فاضل تعلیم دیتے ہیں۔ لڑکے باقاعدہ طور پر اپنے مدرسہ کے لباس میں جماعتوں میں بیٹھا کرتے ہیں۔ مدرسین کا

لباس وہ ٹھیٹ ترکی لباس نہیں ہوتا جو بہ زمانہ خلافت پہنا جاتا تھا بلکہ اس میں بالکل انگریزیت پائی جاتی ہے۔ ہاں صرف فزان[1] ان کا ما بہ الامتیاز ہے۔ مخلوط تعلیم کے نتیجہ کے طور پر یہاں کے بچوں کی ذہنیت کو میں نے بے انتہا بلند اور اعلیٰ پایا۔ لڑکیاں اور لڑکے خود کو ایک دوسرے پر ترجیح نہیں دیتے۔ ان کا اصول ہے کہ سب مساوات کا درجہ رکھتے ہیں۔

ترکی کی تاریخ میں سب سے زیادہ دلچسپ باب وہ ہے جو جنگ عظیم کے بعد سے شروع ہوتا ہے۔ مصطفیٰ کمال پاشا کی انتھک کوشش، اُن کی جاں نثاری وطن اور قوم کے لئے روحانی قربانی — یہ چیزیں کسی اور خطہ زمین کی تاریخ میں شاید ہی پائی جائیں۔ آج اگر آپ ترکی کی سڑکوں پر پھریں تو لڑکیاں سلطان عبدالمجید کے زمانہ کی طرح برقعہ اوڑھے پھرتی نظر نہیں آئیں گی بلکہ مغربی لباس زیب تن کئے دکانوں میں خرید و فروخت میں مصروف دکھائی دیں گی۔ حقیقت تو یہ ہے کہ ترکی قوم کی تعمیر میں عورتوں نے بہت بڑا حصہ لیا۔ انھوں نے نہ صرف بڑی بڑی قومی خدمتیں انجام دی ہیں۔ بلکہ ترکی قوم نے اس صنف میں اعلیٰ دماغ اور پایہ کی سائنس دانوں کو بھی پیدا کیا ہے۔ ترکی لڑکیاں فوجی خدمات کے لئے بہادری اور نڈرپن سے اپنے آپ کو پیش کرتی ہیں۔ ترکی کی فوجی قوت میں ایک ہوائی

---

[1] فزان۔ ترکی ٹوپی کو کہتے ہیں۔

دستہ ایسا ہے جو سب کا سب صرف عورتوں ہی پر مشتمل ہے۔ خود آتا ترک مرحوم کی لے پالک لڑکی اس دستہ کی صدر ہے۔ کہتے ہیں اس لڑکی نے چھوٹی چھوٹی کئی خانہ جنگیوں کو فرو کیا اور اتنی بہادری دکھائی کہ بڑے بڑے جرنلوں نے اس کے آگے سر تسلیم خم کیا۔ یہاں کے ایک صنعتی ادارہ کو دیکھنے کے بعد ہمیں اندازہ ہوا کہ ترکی نے بیس پچیس سال کے اندر میدان صنعت میں کتنی ترقی کی ہے۔ شہر سمرنا میں کئی ایک صنعتی ادارے قایم ہیں۔ اور صنعت وحرفت کی یہاں اعلیٰ پیمانہ پر تعلیم دی جاتی ہے۔ سمرنا کے بندرگاہ پر لڑکوں کو بحری تعلیم بھی دیجاتی ہے۔ اس بندرگاہ میں ایک جہاز مخصوص کر دیا گیا ہے۔ اور اس جہاز پر تمام لڑکوں کی تعلیم ہوتی ہے۔ جس کا واحد مقصد یہ ہے کہ ترکی کسی طرح بحری قوت میں یوروپی ممالک سے پیچھے نہ رہے۔ اور یہ اسی وقت ممکن ہے جبکہ ترکی کی جوان نسل اس میں بڑا حصہ لے۔ چنانچہ بچوں کو بحری تعلیم حاصل کرنے کے لئے طرح طرح کی ترغیبات دیجاتی ہیں۔ ان کے سامنے پر اثر تقریریں کی جاتی ہیں اور کسی نہ کسی طرح ملک انہیں اپنا ہم خیال بنالیتا ہے۔ جہاز پر بھی تعلیم چند خاص اصولوں کے تحت دیجاتی ہے۔ یہ بھی چند اسباب ہیں جو ترک بچوں کی صحت کو برقرار رکھنے میں معاون ہوتے ہیں۔ ایک شام کو ہم تفریح کرتے ہوئے یوسف کے گھر کی طرف واپس جارہے تھے کہ ایک طرف سے موذن کی آواز فضا میں گونجتی ہوئی سنائی دی۔

بہ مشکل ہم یہ سمجھ سکے کہ یوسف جس طرف جا رہا ہے وہ مسجد ہے۔ کیونکہ یہ مسجد ہماری مسجدوں کی طرح نہ تھی۔ یہ ایک خوبصورت عمارت تھی۔ جس پر صرف ایک ہی مینارہ بنا تھا اور درمیانی حصہ گنبد نما تھا۔ یہ سمجھ لیجئے کہ اگر گنبد نہ ہوتا تو گرجا معلوم ہوتی ـــ نماز پڑھنے کے لئے ہم بھی سلیم کے ساتھ ہو لئے۔ اور نماز سے فارغ ہو کر تھوڑی دیر مسجد کو غور سے دیکھتے رہے۔

"تم پنج وقتہ نماز پڑھتے ہو۔ یوسف!" نجم نے دریافت کیا۔

"کیوں نہیں" یوسف نے کہا۔"میں برابر پانچ مرتبہ پڑھا کرتا ہوں۔ ہم سب بھائی صبح ہی صبح اُٹھ جاتے ہیں۔ اور "ادست" (منہ ہاتھ دھونا۔ ترکی لفظ) کے بعد ہماری امی ہمیں ناشتہ پر بلاتی ہیں۔ ابھی ناشتہ ختم ہونے بھی نہیں پاتا کہ اذان کی آواز کانوں میں گونجنے لگتی ہے۔ اور آپ جانتے ہیں کہ اذان کی آواز کے ساتھ ہر مسلمان اپنے اپنے کاموں سے ہاتھ روک لیتا ہے جب تک کہ وہ ختم نہ ہو لے۔ اب نماز فجر پڑھی جاتی ہے۔ اس کے بعد پھر وہی ہمارا روزانہ کا معمول۔" یہاں یوسف کا مکان بہت خوبصورت تھا۔ اور اسے بڑی عمدگی سے سجایا گیا تھا۔ جب کبھی اس کے گھر میں کسی کی دعوت ہوتی تو وہ مہمانوں کو ایک استقبالیہ کمرے میں لے جاتا اس کمرے کو ترکی زبان میں "سلاملک" کہتے ہیں۔ اس کمرے میں تمام مہمان

بیٹھتے ہیں۔ اور یوسف اپنے ننھنے ننھنے دوستوں کو بھی ہمیں بٹھاتا ہے۔
یوسف کے والدنے ہمارے سمرنا چھوڑتے وقت ایک پر تکلف دعوت کی
تھی۔ اور ہمیں بھی اسی ''استقبالیہ'' کمرے میں بٹھایا تھا۔ اس کمرہ کی
دیواروں پر سفیدہ چڑھایا گیا تھا۔ اور اس کی چھت کا رنگ زرد تھا
اس کے علاوہ ترک سرخ اور سبز رنگ سے بھی اپنے گھر کی چھتوں کو رنگتے
ہیں۔ زمین پر ٹاٹ کا فرش تھا جس پر چند کرسیاں رکھی تھیں۔ اور
درمیان میں ایک تپائی۔ ہم نے کمرے میں چوطرف نظریں دوڑائیں لیکن
دیوار پر ایک تصویر بھی ہمیں ٹنگی ہوئی دکھائی نہیں دی۔ اس کی بجائے
اطراف قرآن پاک کی چند آیتیں لکھی ہوئی تھیں۔ میرے بدن میں تو گویا
بجلی سی دوڑ گئی اور میں نے یہ محسوس کیا۔ کہ واقعی روئے زمین پر ترکوں
سی مہذب اور مذہب پر دل وجان سے فدا ہونے والی قوم شاید ہی ملے
ان کی یہ مذہبی فدائیت اور یہ جوشش دیکھکر میری آنکھوں سے آنسو نکل
گئے ـــ اس کے بازو والے کمرے میں آتا ترک کا ایک بڑا فوٹو آویزاں
تھا۔ اِدھر یوسف کی گھڑی نے چھ بجائے اُدھر موذن نے اپنی میٹھی اور
سریلی آواز سے ہمیں دعوت نماز دی۔ ہم سبھوں نے مل کر نماز مغرب ادا
کی۔ ترکی زبان میں نماز مغرب کو ''آشام'' کہتے ہیں۔ اس کے فوراً بعد ہی
عشائیہ (ڈنر) پر ہم لوگوں کو بلایا گیا۔ ہم ہندوستانیوں کی طرح یہ لوگ

دسترخوان پر کھاتے ہیں۔ اور نہ میز پر بیٹھ کر بالکل انگریزوں کی طرح۔ ایک بڑے کمرے میں چھوٹی چھوٹی چوکیاں پھیلی ہوئی ہوتی ہیں۔ جو بہ مشکل ایک فٹ اونچی ہوتی ہیں۔ ان چوکیوں پر کھانا چن دیا جاتا ہے۔ ایک ایک چوکی کے اطراف ۴ مہمانوں سے زیادہ نہیں بیٹھ سکتے۔ اس لئے چار سے زیادہ رکابیاں رکھی بھی نہیں جاتیں میں نجم، سلیم اور یوسف نے مل کر ایک ہی چوکی پر قبضہ کر لیا۔ ہمارے آگے۔ ایک سینی پیش کی گئی جس میں ڈبل ریل پنیر اور کچھ میوے رکھے تھے۔ اس کے علاوہ ایک اور ڈش رکھی تھی جو بظاہر میٹھے کی معلوم ہوتی تھی۔

"یہ کیا ہے؟" سلیم نے یوسف سے دریافت کیا۔

"اسے بوراک کہتے ہیں" یوسف نے جواب دیا۔

"کیسے بناتے ہیں اسے؟" نجم قطع کلام کرتے ہوئے بولا۔

"پنیر اور رائی کو ملا کر خوب پکاتے ہیں۔ اور پھر اس میں تھوڑا سا دودھ ڈال دیتے ہیں۔" یوسف نے کہا۔

"تم تو پکوان بھی جانتے ہو" نجم حیرت سے بولا۔

"ہاں تھوڑا بہت" میاں یوسف نے شرماتے ہوئے جواب دیا۔

ہم مزے لے لے کر کھاتے جاتے اور میاں یوسف کے گھر کے پکوان کی تعریف کئے جاتے تھے۔

"لیجئے خدا حافظ" میں نے یوسف کے والد کا شکریہ ادا کرتے ہوئے کہا "بڑی زحمت ہوئی آپ کو۔"

"خدارا شرمندہ نہ کیجئے مجھے" انھوں نے جواب دیا۔ "میں اس قابل کہاں۔ میری تو تمنا تھی کہ اس شہر میں آپ کی بہت شہرت ہو اور آپ سے ملنے کے بعد ترکوں کو معلوم ہو جائے کہ ہندوستانیوں کے متعلق جتنی غلط فہمیاں انھیں ہوئی ہیں وہ سراسر نافہمی پر مبنی ہیں ——— یوسف یوسف۔"

"رہنے بھی دیجئے" میں نے کہا "کھیل رہا ہوگا۔"

"کھیلتا کہاں ہے" یوسف کے والد نے کہا۔ "ترک بچوں کو کھلونوں سے کھیلنے کی خواہش نہیں۔ انہیں تو بچپن ہی سے قوم و ملک کے لئے اپنی جان سے کھیلنے کی ترغیب دلائی جاتی ہے۔ مجھے توی توقع ہے کہ نجم اور سلیم اس قسم کی ذہنیت خود میں پیدا کریں گے۔"

نجم اور سلیم نے شرمندگی سے گردنیں جھکالیں۔ اتنے میں یوسف دوڑتا آیا۔ اور جب اس کے والد نے ہم سے وداعی ملاقات کرنے کے لئے کہا تو اس نے زار و قطار رونا شروع کر دیا۔ معلوم ہوتا تھا کہ اسے ہماری اور خصوصاً نجم اور سلیم کی جدائی کئی دنوں تک شاق گذریگی۔ ہم اسے روتا چھوڑ کر چلے گئے۔ صبح بارہ بجے ہوائی "محملی" نے شہر سمرنا کو خدا حافظ

کہا۔ اور شام ہوتے ہوتے ہم شہر انقرہ کی بلند عمارتوں پر پرواز کر رہے تھے شہر انقرہ جمہوریہ ترکیہ کا پایہ تخت ہے۔ یہاں نہایت ہی خوبصورت اور نفیس عمارتیں بنی ہوئی ہیں۔ سڑکیں نہایت کشادہ ہیں اور ہمیشہ آباد نظر آتی ہیں۔ کاروباری لوگ ادھر سے اُدھر پھرتے نظر آتے ہیں۔ ٹرامیں اور موٹر بسیں چکر لگاتی رہتی ہیں۔ ہمیں سیکل کا رواج یہاں بہت کم دکھائی دیا ایک چوراہے پر خدائے ترکی غازی مصطفےٰ کمال پاشاہ کا مجسمہ نصب ہے جس کی تعظیم کرنا ترکوں کے مذہب کا گویا جز بن گیا ہے۔

انقرہ کا زراعتی کالج ساری دنیا میں مشہور ہے اس کی فلک بوس عمارت بڑے بڑے میدان اور پر فضا محل و توع اس کے لئے باعث شہرت بنے ہوئے ہیں۔ اس کالج کے اساتذہ دنیا بھر کے مشہور اور عالم لوگ ہیں کسی ملک میں اتنے بڑے پیمانہ پر کام کرتا ہوا زراعتی کالج پایا نہیں جاتا۔ لڑکیاں لڑکوں کے دوش بدوش کام کرتی ہیں۔ اور سچ یہ ہے کہ کسی کو کسی پر فوقیت نہیں دی جا سکتی۔ تمام تر تعلیم ترکی زبان میں دی جاتی ہے۔ نہ صرف ترکی کے بسنے والے اس کالج میں تعلیم حاصل کر سکتے ہیں۔ بلکہ دوسرے ممالک کے لوگوں کو بھی اس سے مستفیض ہونے کے مواقع حاصل ہیں۔ ہندوستانیوں کا خاص طور پر لحاظ رکھا جاتا ہے ان کے رہنے سہنے کے لئے کالج نے اچھے انتظامات کر رکھے ہیں بہر حال یہ کالج

نہ صرف ترکوں کے لئے بلکہ دوسروں اور خصوصاً ہمارے لئے ایک رحمت ہے، کیونکہ ہمارا ملک ایک زراعتی ملک ہے۔ اور اس کے زراعتی ہونے سے ہمیں کوئی فائدہ نہیں پہونچ رہا ہے۔ ہمیں دولتمند نہیں کہا جاسکتا ہم زراعت کرتے ہیں تو ان قدیم طریقوں پر جو اس زمانہ میں زراعتی اغراض کے لئے ناکارہ ثابت ہوئے ہیں۔ ہمارے ملک کے نوجوانوں کو چاہئے کہ اس زراعتی کالج میں تعلیم حاصل کرکے اپنے ملک میں اس قسم کے اداروں کے قیام کی کوشش کریں۔ اور حتی الامکان غریب اور نادار کسانوں کو ان نایاب اصولوں سے آشنا کرائیں۔ انہی طریقوں پر کاربند ہوکر ہمارا ملک حقیقی دولت پیدا کرسکتا ہے۔

سلیم اور نجم نے تو تہیہ کرلیا ہے کہ ضرور اس کالج میں تعلیم حاصل کریں گے۔ اور اپنے وطن کے غریب کاشتکاروں کی امداد کرینگے۔ کہئے آپ کا کیا ارادہ ہے؟

بچوں کے لیے ایک مزیدار و سبق آموز سفرنامہ

سندباد جہازی

مصنف: حفیظ جالندھری

بین الاقوامی ایڈیشن شائع ہو چکا ہے